超オモシロ あるなしクイズ もくじ

1章 アルノカーナ研究所の大事件！・・3

2章 アルナシタウンをとりもどせ！・・43

3章 ハテナーランドの奇妙な怪人・・85

4章 魔女の館でさいごの対決！・・129

「あるなしクイズ」をやってみよう

「ある」にはあって、「なし」にはないんじゃよ

「ある」のことばには共通するものがある。それはなに?

ある	なし
イチゴ	もも
サンダル	スリッパ
すごろく	オセロ
バナナ	メロン
きゅうり	ナス

イチゴはたべものだけどサンダルはたべられない……

メロンがいいな

なにかことばがかくれているのかな?

あるなしクイズ

アルノカーナ研究所の大事件！

よし！ここから勝負(しょうぶ)じゃ！
「ある」に共通(きょうつう)するものは、なんだ？

ある	なし
かき	かぎ
山	海
まくら	ふとん
オニ	子ども

ヒント: ことばの前後になにかがくっつくゾ。
暑(あつ)い日には、つめた〜い○○○!!

答えはつぎのページ　11

答え

「氷(こおり)」という字が、ことばの前かうしろにつく。

かき氷はやっぱ
イチゴミルクよね〜

かき	→	かき氷(ごおり)
山	→	氷山(ひょうざん)
まくら	→	氷(こおり)まくら
オニ	→	こおりオニ

アルノカーナ研究所の大事件！

あるなしクイズ

「ある」に共通するものは、なんだ？
算数がニガテなお前たちにとけるかな～？

ある	なし
レタス	キャベツ
低(ひく)い	高い
ワルツ	ダンス
追(お)いかける	にげる

さ、算数なの？？
計算キライだよ～

答えはつぎのページ　13

答え どのことばにも、算数の計算につかう「**たす**」、「**ひく**」、「**かける**」、「**わる**」がはいっているのだ。

レタス → ×
低い → −
ワルツ → ÷
追いかける → ×

どこいくのよ

算数はカンベンして〜

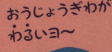
おうじょうぎわがわるいヨ〜

アルノカーナ研究所の大事件！
あるなし どっち？クイズ

まず「ある」の共通点（きょうつうてん）をみつけるんじゃ。
さて、「天どん」は、「ある」と「なし」のどっちにはいる？

ある	なし
ワンタン	ギョーザ
フォーク	ナイフ
ツーリング	サイクリング
もったいないんじゃない？	もったいないよ！

> 数字に関係（かんけい）あるゾ。
> 計算じゃないけどな

答えはつぎのページ 15

答え

「ある」にはいるぞ。
「ある」のことばには全部、英語の数字がはいっているぞ〜！

ワンタン → 1(ワン)

フォーク → 4(フォー)

ツーリング → 2(ツー)

もったいないんじゃない？ → 9(ナイン)

天(てん)どん → 10(テン)

あげないよ〜

あるなし イラストクイズ
アルノカーナ研究所の大事件！

つづいてはイラスト問題じゃ！
「もも」は下のグループに
はいる？　それとも
はいらない？

ヒント：絵の名前を声にだしていってみれば？

答えはつぎのページ

答え 「はいる」

上から読んでも下から読んでも
おなじものばかりだぞ！

みみ

トマト

自分でも
さがしてみよう

しんぶんし

きつつき

もも

ないものさがし

アルノカーナ研究所の大事件！

この札(ふだ)の中に、1つだけ「ある」にはいらないものがまざっておるぞ。どれかな？

- すもう
- 写真(しゃしん)
- 出前
- あいさつ
- 年

5つのうち、4つには共通点(きょうつうてん)があるってことね

答えはつぎのページ

答え 「あいさつ」
ほかは全部「とるもの」だぞ。

すもうをとる

写真をとる

年をとる

出前をとる

あいさつは「する」だもんね

ボクならピザをとるな……

アルノカーナ研究所の大事件！ パズル

□の中に、ある文字をいれるとべつのことばになるぞ。共通してはいる文字は、なんだ？

□コップ

□イカ

□キップ

□ブタ

「ア」から順番に、全部ためせば〜？

答えはつぎのページ

「ス」

どのことばも、「ス」がくっつくと、
ちがうことばになるのじゃ。

ス  で、 **スコップ**

ス  で、 **スイカ**

ス で、 **スキップ**

ス で、 **スブタ**

イジワルあるなしクイズ

アルノカーナ研究所の大事件！

これは、イジワル問題じゃ。
「ある」に共通するものは、なんだ？

ある	なし
ドーナツ	マカロン
うきわ	ナイフ
ちくわ	かまぼこ
50円玉	100円玉
くつ下	ぼうし

ヒント　どんな形をしている？よ〜く思いうかべてみな！

答えはつぎのページ

どれも「あな」があいている。
えっ？ 「くつ下」はちがうって？
とんでもない！ ワシのを見てみろ！

イジワルあるなし クイズ

アルノカーナ研究所の大事件!

これもイジワル問題じゃ！
「ある」に共通するのは、
なんだ？

ある	なし
すみ	ふで
ひじき	もやし
カラス	スズメ
あか	いろ
タイヤ	ダイヤ

「ある」は
どんな色かな～？

答えはつぎのページ 25

答え 「黒い」

えっ？ 「あか」は、黒じゃないって？
からだのアカのことじゃ！

そういえば、3か月おふろにはいってないんじゃ〜

え〜っ

アルノカーナ研究所の大事件！
クイズ

つぎのことばのなかに、
1つだけ「ある」にはいらない
ものがあるぞ。それはどれだ？

ハクイ

サウナ

南極(なんきょく)の氷(こおり)

煮(に)えたったお湯(ゆ)

やかん

えっ、かんたんだって？
よ〜く考えるんだなっ！

答えはつぎのページ　27

 ## 「やかん」だけ

「あつく」ない。
「南極の氷」だと思ったんだろう?
「南極の氷」はつめたいけど、
厚いゾ!

厚いよ!

「やかん」は火にかけないと、あつくないもんね

アルノカーナ研究所の大事件！ クイズ

下の3つのものには
ある共通点があるぞ。
それはなにかな〜？
ノーヒントじゃよ。

ジャンパー

マングース

ちょ金箱

ノーヒントなんて
イジワルだっ

これくらい
わかるよな

答えは32ページ

あるなしクイズ

- かさにあって、かっぱにない
- ぐんてにあって、グローブにない
- ごまにあって、ごま油にない
- 肉にあって、魚にない
- ミルクにあって、お茶にない

どんどんいくぞ！
「ある」に共通するのはなんだ？

貝にあって、ワカメにない

こんなにたくさん!!

ワシにあって、カラスにない

肉はたべられるけど かさはちょっとムリか……

ワニにあって、トカゲにない

家にあって、学校にない

共通点ある？？

わからなかったら、さかだちでもしてみたら～？

▶ ヒント

答えはつぎのページ　31

29ページの答え
ことばのなかに「グー」、「チョキ」、「パー」がかくれているぞ。

ジャンパー　マングース　ちょきんばこ

30〜31ページの答え
どのことばも、さかさに読むとべつのことばになる。

＝さか　＝いか　＝シワ

＝てんぐ　＝くに　＝にわ

＝まご　＝くるみ　＝えい

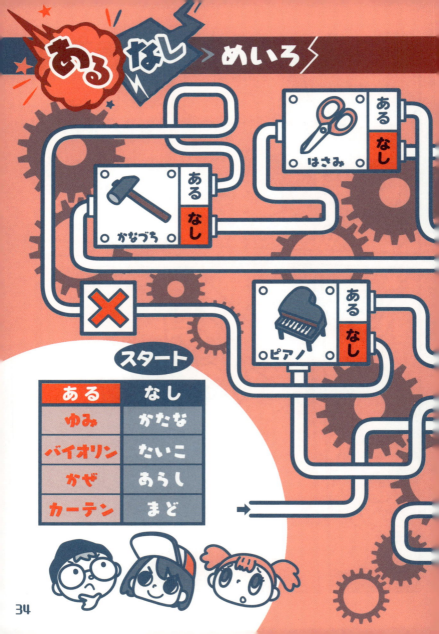

あるなしめいろ

ある	なし
ハンガー	せんたくばさみ
えんぴつ	定規
かけ算	わり算
100m走	つな引き

スタート

「ある」は全部「ひく」もの。

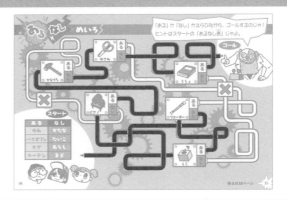

「ある」は全部「かける」もの。

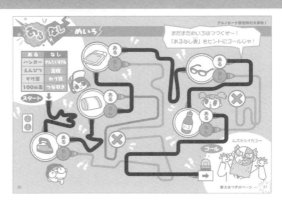

超ムズあるなしクイズ

アルノカーナ研究所の大事件！

ア〜ウのうち、共通点があるのはどれじゃ？ それがこの研究所からでられるただひとつのカギじゃ！

ア
子ども
川
たぬき
こま
いけ！

イ
女
山
うさぎ
だるま
どけ！

ウ
大人
湖
うし
こけし
じゃま！

これをとければ
町にでられるんだな

答えはつぎのページ

答え 「イ」が正しいカギ。
全部(ぜんぶ)のことばの前に「雪」という文字がつくのさ！

女 → 雪女　　山 → 雪山

うさぎ → 雪うさぎ

だるま → 雪だるま

どけ！ → 雪解(ゆきど)け

やった〜!!

なっ…なに!?

「道」という字がすべてのことばの前かうしろにつく！

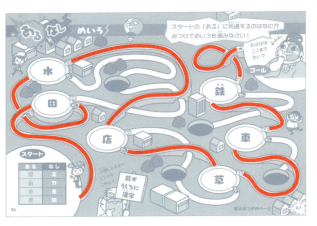

国道
剣道（けんどう）
歩道
書道
水道
道草
車道
鉄道（てつどう）

あるなしクイズ

アルナシタウンをとりもどせ！

どんどんいくわよ。
かくごしなさい！
「ある」に共通するものはなに？

ある	なし
ぎん	どう
き	えだ
はん	いんかん
ボール	玉
サイン	あくしゅ

ヒント

わしも考えよう
メモメモ…

答えはつぎのページ 49

答え どれにも「ペン」ということばが前かうしろにつくのよ！かんたんだったかしら〜？

ぎん → ペンギン
き → ペンキ
はん → はんぺん
ボール → ボールペン
サイン → サインペン

あ〜ら わからなかったら おしりペンペンよ〜

アルナシタウンをとりもどせ！ クイズ

この問題（もんだい）はムズカシイわよ〜。
「ある」に共通（きょうつう）するものはなに？

ある	なし
湯のみ	カップ
ノコギリクワガタ	ミヤマクワガタ
ホッキョクギツネ	キタキツネ
わかんない	わかる
カマキリ	バッタ

これはムズカシー

ハカセはもーいいから！

ノコギリ
クワガタ…

答えはつぎのページ

答え

「ある」のことばには、
大工道具（だいくどうぐ）の名前が
はいっているのよ〜ん！

- 湯のみ
- ノコギリクワガタ
- ホッキョクギツネ
- わかんない
- カマキリ

アルナシタウンをとりもどせ！ どっち？クイズ

「光」は、「ある」と「なし」の
どっちのグループに、はいる？

ある	なし
うで	かた
カバー	カバ
ひざ	もも
きた	たき
か	ガ

ねごこちが
よいの〜

ヒント

わからないからって
ねないで！

ボクも頭つかって
つかれたよ〜

答えはつぎのページ 53

答え

「なし」に、はいるわよ。
「ある」には「まくら」ということばが前かうしろにつくのよ〜！

うで	→	うでまくら
カバー	→	まくらカバー
ひざ	→	ひざまくら
きた	→	北まくら
か	→	かまくら

アルナシタウンをとりもどせ！クイズ

ここにあることばは、あるものをつけると変身(へんしん)するものばかりよ。それはなに？

ひざ

母

シコ

ホット

ヘア

ふろ

「はは」につけるものって？

答えはつぎのページ

55

「゜」をつけたら
べつのことばに変身(へんしん)しちゃうのよ〜。

母(はは) ➡ パパ
ひざ ➡ ピザ
ハンコ ➡ パンコ(パン粉)
ふろ ➡ プロ
ホット ➡ ポット
ヘア ➡ ペア

かわったね

ピザだ…

ある なし イラストクイズ

アルナシタウンをとりもどせ！

この問題も、あるものをつけると
変身するものばかりあつめたわ。
じゃあ、このかきは変身する？

わからんぞ！
わしのバカー

ハカセが
バカセに
なっちゃった…

あっ!!
それっ!!

ヒント

答えはつぎのページ

答え 「変身する」

「゛」をつけると、べつのことばに変身するものばかり。

ないものさがし

アルナシタウンをとりもどせ！

こんどは、おなじ文字を2つくっつけると変身(へんしん)するわ。でも、ひとつだけ変身(へんしん)しないことばがあるわよ。どれ？

- 空
- シソ
- くら
- 雨
- こな
- おけ
- 美化(びか)

ハカセ、ヒントないの？

ソーネー
ヤーネー
もうムーリー

答えはつぎのページ

答え 2つの「ー」をくっつけると、べつのことばに変身(へんしん)する。変身(へんしん)しないのは「雨」だけ！

空	→	ソーラー
シソ	→	シーソー
くら	→	クーラー
こな	→	コーナー
おけ	→	オーケー
美化(びか)	→	ビーカー

なかなか やるじゃない！

ないもの さがし

アルナシタウンをとりもどせ！

なにかをするとべつのことばに
変身(へんしん)するわよ。でも、1つだけ
変身(へんしん)しないことばがあるわ。
どれかしら？

イルカ	くすり
クジラ	さとう
たいこ	かばん

どうすればいい？

おいしいものに
変身(へんしん)しないかな〜

答えはつぎのページ　61

「さとう」

ほかは、まんなかの文字を
とるとべつのことばに
なる。

イルカ → イカ

くすり → くり

クジラ → くら

たいこ → たこ

かばん → カン

すごいすごい！

わたしも
変身しよう
かしら〜

アルナシタウンをとりもどせ！クイズ

□□に共通して
はいることばは、なにかしら？

う〜ん

アイ□□
サ□□
ハン□□
コン□□
プー□□

変身した
ワタシをみれば
わかるはずよ

答えはつぎのページ 63

答え

「ドル」
どれもよく耳にすることばでしょ！

アイドル
サドル
ハンドル
コンドル
プードル

♪ドル〜 ドル〜 ドルルルル〜♬

アイドルデビューしようかしら

ぜんぜんアイドルに見えないよ〜

イジワルあるなしクイズ

アルナシタウンをとりもどせ！

わたしのポスターよ

「ある」に共通するものはなに？
ちょ〜っとイジワルかしら？

ある	なし
のり	はさみ
ポスター	かんばん
シップ薬(やく)	飲み薬(ぐすり)
セロハンテープ	トイレットペーパー
バンソウコウ	ほうたい
うすい生地(きじ)のカーディガン	ダウンジャケット

ヒント
カーディガンをきるのはいつごろじゃ？

あっ！ハカセ復活(ふっかつ)

答えはつぎのページ 65

答え 全部「はるもの」

もちろん、
カーディガンも春ものよ〜！

春ものの カーディガン　にあうでしょ♪

アルナシタウンをとりもどせ！ クイズ

これはお店のお品書きよ。
共通するものをみつけて
何の店かあててみなさい。

お品書き

ネクタイ
牛肉
スイカ
アジサイ
さばく
ストロー
北校舎

お品書きって
メニューのことなのね

なにかがかくれてるんだ！！

答えはつぎのページ　67

答えは「おすしやさん」

お品書きのことばのなかに
「すしネタ」がはいっているのよ。
くいしんぼうのあなたたちには
かんたんだったかしら〜。

アルナシタウンで
いちばんおいしい
おすしやさんよ

すきなだけ
たべてイイわよ

お品書き

ネク**タイ**
ぎゅうにく
牛肉
スイカ
アジサイ
さばく
ストロー
きたこうしゃ
北校舎

あるなしクイズ

スコップにあって、シャベルにない

オレンジにあって、レッドにない

ニホンザルにあって、ゴリラにない

スポットライトにあって、マイクにない

クッキーはどこで焼くかというと…

それ、ヒントでしょ！

クッキーをたくさん焼いたわよ～！
「ある」に共通するのは、なにかしら？

カモノハシにあって、ビーバーにない

田辺くんにあって、田村さんにない

フォークボールにあって、カーブにない

オタマジャクシにあって、カエルにない

サラダにあって、からだにない

ま！ ないたの？にあって、む！ おこったの？にない

う～ん…

答えはつぎのページ

答え 「キッチンにあるもの」がかくれているわ!

- オレンジ
- スコップ
- ニホンザル
- スポットライト
- カモノハシ
- 田辺(たなべ)くん
- フォークボール
- オタマジャクシ
- サラダ
- ま! ないたの?

とーぜん キッチンよね〜

きっちんと わかったよね?

あるある パズル

まだまだつづくわよ！
全部（ぜんぶ）のことばに「ある」のは、
なにかしら？

ソーダ
ハンド
シチュー
ソフト
コロッケ
リップ

これ、かんたんかも！！

答えはつぎのページ　73

「クリーム」ということばが前かうしろのどちらかにつくわ。

ソーダ　→ クリーム ソーダ
コロッケ → クリーム コロッケ
ハンド　→ ハンド クリーム
リップ　→ リップ クリーム
シチュー → クリーム シチュー
ソフト　→ ソフト クリーム

アルナシタウンをとりもどせ！クイズ

この問題はどうかしら〜？
全部の「ある」に
共通するものはなに？

ある	なし
ビーナス	女神
バニラアイス	チョコアイス
矢と的	刀とさや
おいしそう	まずそう
給料	おこづかい
妹	弟
かぶと	よろい

よ〜くみて！
きっとなにかかくれてる

答えはつぎのページ

75

答え やさいの名前がかくれているのよ〜！

ビーナス → ナス

バニラアイス → ニラ

矢と的(まと) → トマト

おいしそう → しそ

給料(きゅうりょう) → きゅうり

妹(いもうと) → イモ

かぶと → カブ

どんなお料理(りょうり)つくろうかしら〜

あるなしクイズ

アルナシタウンをとりもどせ！

ここからが本番！「ある」に共通しているものはなに？

ある	なし
アメーバ	プランクトン
テレビ番組	テレビ局（きょく）
おっちょこちょい	あわてんぼう
おしくらまんじゅう	おにごっこ
ガムテープ	紙テープ

なんだか、問題（もんだい）が
おいしそうに見えてきた…

答えは80ページ

77

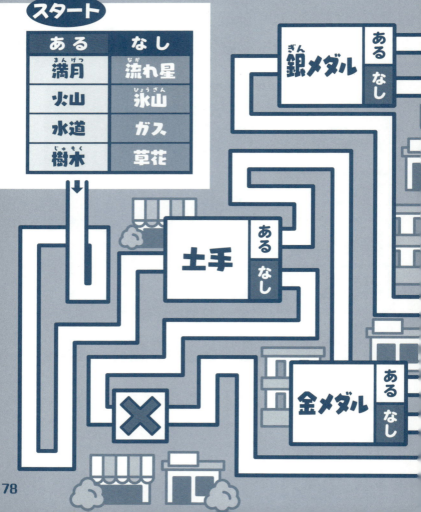

スタートで「ある」のことばに共通するのはなにかみつけなさい。めいろを進んで正しい答えをえらび、ゴールするのよ。

77ページの答え

ことばのなかに、おかしの名前がかくれているわ〜！

アメーバ　テレビ番組　おっちょこちょい　おしくらまんじゅう　ガムテープ

78〜79ページの答え

「ある」には、曜日の「月、火、水、木、金、土、日」がはいっているのよ！

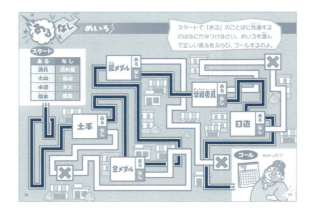

超ムズ あるなしクイズ

アルナシタウンをとりもどせ！

ここにステキなプレゼントが3つあるわ。
3つのうち、共通点が「ある」のはひとつだけ！
わかったら中身をあげちゃうわよ〜。

ア
金持ち ま
財宝 パ

イ
大金持ち
む
小判
カ

ウ
びんぼう
も
宝
ラ

わかった！答えは「ウ」だ！
「くじ」が
前かうしろにつくね！

びんぼう → びんぼうくじ
も → もくじ
宝 → 宝くじ
ラ → クジラ

どれも「まわる」ものばかりですよ〜！

目がまわりますね〜

ハテナーランドの奇妙な怪人 クイズ

「ある」に共通するものって、なんでしょうねぇ〜？

ある	なし
ソフト	クリーム
ミート	肉
段(だん)	階段(かいだん)
ペン	ものさし
ビーチ	砂浜(すなはま)

ことばがくっつくパターンだね

ソフトクリーム!!

ちがうよ〜

答えはつぎのページ

91

答え 「ボール」という ことばが、前かうしろに つくんですね〜！

ソフト → ソフトボール

ミート → ミートボール

段(だん) → 段(だん)ボール

ペン → ボールペン

ビーチ → ビーチボール

ボールとペンで
ボールペン!!

ハテナーランドの奇妙な怪人

今までとはちがう問題ですヨ。
「ある」に共通していることは、なに？

ある	なし
ゲーム	カード
虫とり	魚つり
りんご	ぶどう
ゴール	スタート
ルーレット	サイコロ
とんかつ	ステーキ

共通のものはないよ？

頭とおしりをよ〜く見て〜

答えはつぎのページ

93

答え 「ある」は上から順番に、しりとりになっていま〜す！

ゲーム
→ 虫とり
→ りんご
→ ゴール
→ ルーレット
→ とんかつ

どこでもできる あそびといえば コレですね

つ…つなひき

きつつき

キモイ!!

ある なし どっち？クイズ

ハテナーランドの奇妙な怪人

この問題はどうですか？
「花」は、「ある」と「なし」の
どっちにはいるかな？

ある	なし
金	石
王	力
土	風
車	船
山	海

「ある」の漢字は
なんとなくにてる
気がする…

答えはつぎのページ　95

「なし」にはいる。
「ある」の字はすべて、
かがみにうつしても
おなじ文字になっている。

ハテナーランドには
ミラーハウスも
あるんですよ

ハテナーランドの奇妙な怪人 クイズ

茶わんにあって、コップにないですよ〜。
「ある」に共通するのはなんでしょう。

ある	なし
茶わん	コップ
ブーメラン	紙ひこうき
コンサート	音楽会
モーター	歯車(はぐるま)
チューリップ	ひまわり
メープルシロップ	はちみつ

なにかがきこえて
くる気がする…

答えはつぎのページ　97

答え 「ある」のことばのなかには「動物の鳴き声」がはいっていますね～？

ちゃわん

コンサート

ブーメラン

ハテナーランドの水族館(すいぞくかん)ですよ。
「ある」の水そうに共通(きょうつう)するのはなんでしょ～。

なし

かりあげ
ウナギ
イチ
みかん
おゆ

答えは104ページ

ないものさがし

- エイリアン
- キリン
- タランチュラ
- コイン
- 口さけ女
- 三枚目

すべての「ある」の前かうしろに、「うみ」がつくんです！

ぼうず ➡ 海ぼうず
ヘビ ➡ ウミヘビ
ネコ ➡ ウミネコ
ぶどう ➡ 海ぶどう
みず ➡ 湖(みずうみ)

「キリン」。ほかは、水にすむ生きものの名前がどこかにはいっていますよ〜！

エイリアン　タランチュラ
コイン　口さけな　三枚目(さんまいめ)
マスカット　アイスホッケー
これいるかい？　カメムシ

ハテナーランドの奇妙な怪人

□□の中に共通してはいる
ことばはなんでしょう？

のこぎり□□

こばん□□

ほおじろ□□

しゅもく□□

じんべえ□□

これも水族館に
いる生きものだな

答えはつぎのページ

「ザメ」ということばがはいる。どれもほんとうにいるさかなです！

ノコギリザメ　コバンザメ

ホオジロザメ　シュモクザメ

ジンベエザメ

あるなし イラストクイズ

ハテナーランドの奇妙な怪人

このカニは下のグループに、
はいりますか
はいりませんか？

なんの
仲間（なかま）かしら…

答えはつぎのページ

「はいる」。すべて夜空にあらわれる星座(せいざ)の生きものなんですよ〜!

ハテナーランドには
プラネタリウムも
あるんです〜

わかった
カニ〜?

うっ…

ハテナーランドの奇妙な怪人

あるなしクイズ

かなりむずかしい問題ですよ！
「ある」に共通するのは、なんでしょう？

ある	なし
すき	きらい
水	草
菓子	ごはん
級	段
姉妹	兄弟

特別にヒントです。
さいしょの文字に注目ですよ。
あ、これ以上はいえません！

答えはつぎのページ

109

「ある」の方は、さいしょの1文字目をくりかえすと、ちがうことばになるんですよ〜！

すき → すすき
水 → みみず
菓子 → かかし
級 → 気球
姉妹 → ししまい

かかしになっちゃいました〜

イジワルあるある

クイズ

下のイラストに共通（きょうつう）するものは、なんでしょう〜？

けむり / 山 / 月 / 男の子 / 階段（かいだん） / はしご

わかんないよ！

ちゃ〜んと共通点（きょうつうてん）はありますよ〜

答えはつぎのページ

答え みんな「のぼる」ものですね〜！

えっ？ 男の子はちがうって？
名札をよ〜く見てくださいよ〜。
あの子の名前は
「のぼる」くんですよ〜!!

イジワルあるある

ハテナーランドの奇妙な怪人 クイズ

これはカンタンですよ～♪
下のことばに
共通（きょうつう）するものは
なんでしょう～？

あぶら
キャベツ
ちょうちん
アリバイ
湯（ゆ）のみ茶わん
バッター
はちうえ

これも
イジワル問題（もんだい）？

答えはつぎのページ

「虫」
なかに虫が はいってますよ！

あ**ぶ**ら　　ア**リ**バイ
ちょ**う**ちん　　バ**ッ**ター
湯**の**み茶わん　　は**ち**うえ

えっ？
キャベツにはないって？

ほ〜ら
キャベツをおいしそうに
たべている青虫がいました〜

イジワルないない

ハテナーランドの奇妙な怪人 クイズ

さいごのイジワル問題です！
このなかでひとつだけ
「ない」がまじっていますよ～。
どれかな～？

- 手ぶくろ
- くつ下
- カップル
- はし
- イヤリング
- スリッパ

全部「ある」の気がするけどな～

答えはつぎのページ

風船をくばりますよ!!
「ある」に共通するのは、なんでしょう?

旗にあって、
信号にない

たこにあって、
こまにない

成績にあって、
授業にない

結婚式にあって、
デートにない

テンションに
あって、
ふんいきにない

答えはつぎのページ　119

答え 「ある」は全部あげるものですよ！

わたしまで
あがっちゃいました〜

ハテナーランドの奇妙な怪人 クイズ

クイズもいよいよ後半戦です！
「ある」に共通する
ことばはなに？

ある	なし
自転車	オートバイ
ブランコ	すべり台
ボート	潜水艦
エアロバイク	ルームランナー
いねむり	あくび

ぜったい
みつけるよ!!

答えはつぎのページ 121

答え　「ある」は、全部 「こぐ」と いうことばに関係がありますよ〜。 からだをゆらして いねむりすることも、 「船をこぐ」っていいますよね ……グーッ。

そう、それ！
船をこいでます

ねないのー！

ある なし クイズ

ハテナーランドの奇妙な怪人

おいしそうな問題ですよ。
「ある」に共通するものは、なんでしょう？

ある	なし
ラーメン	ソーメン
ワールド	ワイルド
ケーキ	まんじゅう
コーヒー	コーヒー豆(まめ)
ル	リ
スープ	青汁(あおじる)

食べものじゃないのも
あるけど…………

答えはつぎのページ

答え 「カップ」ということばが前かうしろにつく。

- カップスープ
- カップル
- コーヒーカップ
- カップケーキ
- ワールドカップ
- カップラーメン

超ムズあるなしクイズ

ハテナーランドの奇妙な怪人

さあ、さいごの問題(もんだい)です！ 3つのかんばんのなかで、共通(きょうつう)するものが「ある」かんばんが、ハテナーランドの出口につながる道ですよ。どれですかね～？

ア AJ QK
イ BG LR
ウ CD MS

答えは「ア」!
4つとも、トランプに
かかれている
アルファベットね!

大正解です〜!
あららら〜

あるなしクイズ

魔女の館でさいごの対決！

「ある」に共通するのは、なんだかわかるかい？

ある	なし
人面犬	化けねこ
きもだめし	おばけやしき
にくむ	のろう
バンパイヤ	吸血鬼
きもちわるい	こわい
血のエスカレーター	血のエレベーター

答えはつぎのページ

答え 「ある」のことばのなかには食べものがはいっていただろ？

じんめんけん

にくむ

きもだめし

バンパイア

きもちわるい

血のエスカレーター

ひゃ〜

あるなし どっちクイズ

魔女の館でさいごの対決!

「ゴースト」は下のグループに
はいる? はいらない?

えんま大王　エイリアン

ネッシー　　幽体離脱(ゆうたいりだつ)

子泣(な)きじじい

どくガエル

ほんとコワイから
やめて

答えはつぎのページ

答え 「はいらない」

「ある」のことばには、アルファベットがかくれてるんだ。

えんま大O(オー)

ネッC(シー)

子泣きじG(ジー)

A(エイ)リアン

U(ユー)体離脱(りだつ)

どくガL(エル)

ギャ〜!!!

魔女の館でさいごの対決!

ないもの さがし クイズ

この美しい品じなを、いっしゅんで
つまらないものにかえてやろう。
ただし、1つだけ高価に
なってしまうものがあるのさ。
それは、どれ?

大きなダイヤ

バラ

ガラスのくつ

すず

銀のスプーン

答えはつぎのページ　137

答え 「銀のスプーン」

「゛」をとると、べつのものに変身するのさ。

大きなダイヤ → 大きなタイヤ

ガラスのくつ → カラスのくつ

バラ → はら

すず → すす

銀のスプーンだけ金のスプーンになっちゃうんだよ

魔女の館でさいごの対決！

あるなしクイズ

どんどんいくよ！「ある」に共通することばは、なんだい？

ある	なし
空	陸（りく）
シーソー	ブランコ
みそ	スープ
ソファ	いす
耳	目
どれ？	あら

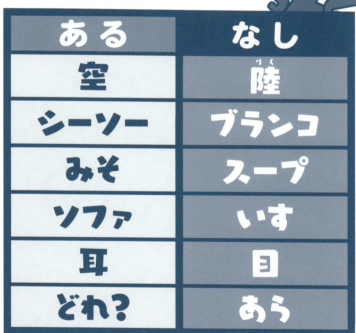

答えはつぎのページ

魔女の館でさいごの対決！ パズル

□□の中に共通して
はいることばはなんだい？
超カンタンだよ。

□□オン
□□ぎり
□□ヤンマ
□□いさん
□□ごっこ

カンタン!!

答えはわかったけど、これがきたらいやだな

答えはつぎのページ

141

「オニ」
だわよ。

オニオン　オニヤンマ
おにいさん　おにごっこ
おにぎり

魔女の館でさいごの対決！

下にあることばは、
ある順番にならんでいるのさ。
□にはいる漢字がわかるかい？

え〜

出口
↓
回転
↓
□物
↓
食器

なんの順番？

なにかが
ふえてる？

答えはつぎのページ　143

「品」という漢字。
口という漢字が順番に
1つずつふえているのさ。

出口 ← 1コ
回転 ← 2コ
品物 ← 3コ
食器 ← 4コ

なによこの問題

漢字テストじゃないんだからさ〜

ちょっとムズカシすぎるんじゃない？

こわくもないしさ

口数の多い子だねェ

まーあたしは

わかったからいいけどさ

つぎからはもっと

オモシロイのたのむわ

イジワルないないクイズ

つぎのことばのなかに、
ひとつだけ「ない」があるんだ。
それはどれだい？

お化け　せき　なみだ　オナラ　しゃっくり　元気　手　えくぼ

お化けが○○!!

これだ！

答えはつぎのページ

「えくぼ」
ほかはすべて、「でる」ものさ。

えっ？
えくぼも
でるって？

よ〜く見てごらん。
ほら、えくぼは
へこんでいるじゃないか

イジワルあるなし

魔女の館でさいごの対決！イラストクイズ

ここにかいてあるものに共通するのはなんだい？

ミイラ / ゆうれい / がいこつ / シャープペン / ゾンビ

答えはつぎのページ

みんな「しんでる」。

イジワルあるなしクイズ

魔女の館でさいごの対決！

「ある」に共通するのは
なんだかわかるかい？
ユーモアのセンスが必要だね。

ワタシみたいに

ある	なし
墓地（ぼち）	花畑（はなばたけ）
心霊（しんれい）スポット	パワースポット
くさったたまご	新鮮（しんせん）なたまご
ねぼうしておこられた	お手伝（てつだ）いしてほめられた

ねぼうで
おこられた

あっ！

それって
わるいのは？

答えはつぎのページ

答え 全部「きみがわるい」

わからなかった人は
ユーモアのセンスなしだね。

「墓地」と「心霊スポット」は気味がわるい

「くさったたまご」は黄身がわるい

「ねぼうしておこられた」のは
キミがわるい！

ワタシの館のお客さまたちにあいさつしていきな！ スタートの「ある」に共通するものの部屋だけ通ってゴールするんだよ。

答え 名前に「数字」がはいっている部屋を通ればゴールできる。

死神 ← 4と2　　トイレの花子さん ← 3

ろくろ首 ← 6　　ひとつ目小僧 ← 1

百目 ← 100　　悪魔 ← 9

ゴブリン ← 5

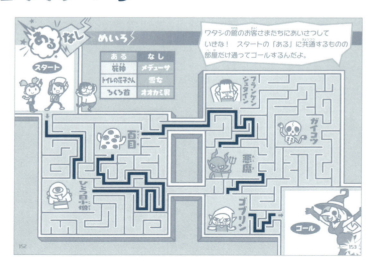

超ムズあるなしクイズ

魔女の館でさいごの対決！

さいごの問題だよ。この館からでたかったら正しいどうくつをえらびな！　もちろん、全部のことばに共通点があるほうさ。まちがえたら……一生この館でホネになるまでこきつかってやるさ。

左のどうくつ: 色、なみだ、雨、意地、彫刻、寝息、しっぽ

右のどうくつ: 字、あや、雪、はじ、絵、いびき、水

答えはつぎのページ

 わかった!
「**右のどうくつ**」を
進(すす)むんだ!! 全部(ぜんぶ)
「かく」ものだよね!

字をかく　　あせをかく
雪をかく　　はじをかく
絵をかく　　いびきをかく
水をかく

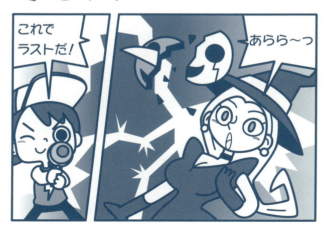

〒160-8565　東京都新宿区大京町22-1
ポプラ社児童書編集部「大人にはないしょだよ⑲
超オモシロ　あるなしクイズ」の係　まで

※みなさんのおたよりは、編集部と制作者で読んで、参考にさせていただきます。

作／土門 トキオ（どもん ときお）
絵／サナダ シン
デザイン／チャダル108

企画・編集・制作／株式会社 アルバ

大人にはないしょだよ ㊆

超オモシロ あるなしクイズ

発　　　行　2018年 8月　第 1 刷

発 行 者　長谷川 均
編　　集　岡本 大
発 行 所　株式会社ポプラ社
　　　　　〒160-8565　東京都新宿区大京町22-1
　　　　　電話（営業）03-3357-2212
　　　　　　　（編集）03-3357-2216
　　　　　インターネットホームページ www.poplar.co.jp
印刷・製本　図書印刷株式会社

ⓒT.Domon S.Sanada 2018 Printed in Japan
N.D.C.798/159P/18cm ISBN978-4-591-15987-3
本書のコピー、スキャン、デジタル化等の無断複製は著作権法上での例外を除き禁じられています。本書を代行業者等の第三者に依頼してスキャンやデジタル化することは、たとえ個人や家庭内での利用であっても著作権法上認められておりません。落丁本・乱丁本は、送料小社負担でお取り替えいたします。小社製作部宛にご連絡ください。電話 0120-666-553
受付時間は月〜金、9:00〜17:00（祝日・休日は除く）
※みなさんのおたよりをお待ちしています。おたよりは、編集部から制作者・著者へおわたしいたします。